FRÉDERIC MACLER

ANCIENNES
EGLISES D'ARMÉNIE

Ani. — La Chapelle Saint-Grégoire
des Aboughamrents.

Paris
- 1923 -

PRIX : 10 FRANCS.

FRÉDÉRIC MACLER

—

ANCIENNES
EGLISES D'ARMÉNIE

Paris

- 1923 -

Membres du Comité Directeur

de la

SOCIÉTÉ DE BIENFAISANCE

des Arméniens de Paris

Mgr. V. KIBARIAN, *Président d'Honneur.*

M. MATTHEW KHAN NERSESSIAN, *Président.*

Dr ALLAWERDI fils, *Vice-Président.*

M. DICRAN NERSESSIAN, *Trésorier.*

M. TERTZAGUIAN, *Secrétaire.*

M. MANASSÉ CALOUSDIAN.

M. S. ANANIANTZ.

M. V. SARKISSIAN.

M. N. GARAKIAN.

M. ARA MIRZA.

M. DIRAN SEVADJIAN.

# Préface.

La Société de bienfaisance des Arméniens
de Paris (15, rue Jean Goujon), autorisée par
la Préfecture de Police, compte à son actif un
passé des plus utiles et des plus nobles.

Cette œuvre mise sous la Présidence d'honneur de Mgr Kibarian, aux destinées de
laquelle préside avec tant de tact et de dévoue-
ment M. Matthew Khan Nersessian, et dont
le vice-président est le docteur Allawerdi fils,
ne poursuit qu'un but: assister les nécessiteux,
fussent-ils Arméniens, Français ou autres.
L'infortune ne connaît pas les distinctions de
races, de peuples et de religions ; elle frappe,
aveugle, à toutes les portes. La Société de
bienfaisance des Arméniens de Paris estime
qu'elle doit s'inspirer d'un principe analo-
gue, en portant son secours à tous ceux que
l'infortune a effleurés de son aile noire.

Le comité exécutif de cette Société a donc

une belle œuvre philanthropique à accomplir, non seulement à Paris, mais dans toute la France, où, depuis la fin officielle des hostilités, tant de misères sont accumulées et s'accumulent journellement.

Cette Société de bienfaisance, fondée en 1893, le 16 décembre, a déjà rendu de signalés services à de nombreux malheureux qui furent, de ce fait, sauvés de la misère et de la mort. Elle poursuit son œuvre avec zèle, car le nombre des déshérités va toujours en augmentant et, comme les infortunes elles-mêmes, sa durée est illimitée.

Le Comité exécutif a pensé que la publication du présent opuscule, — sujet d'une communication faite, le 22 février 1921, à la Société Ernest Renan — contribuera à faire connaître davantage le peuple arménien et son brillant passé artistique, notamment son architecture qui, présentant un haut intérêt, méritent d'être de plus en plus et de mieux en mieux connus et appréciés par le public européen.

Il faut espérer que la publication et la diffusion de cette brochure contribueront quelque peu à la réalisation de ce but.

ANCIENNES EGLISES D'ARMÉNIE

Dans une publication récente, destinée à exposer *l'histoire du peuple arménien, depuis les temps les plus reculés de ses annales jusqu'à nos jours* (Paris, 1919), M. Jacques de Morgan imprimait (p. XI) : « Quant aux matériaux archéologiques, ils sont pour ainsi dire inexistants, car dans l'Arménie russe, les fouilles commencées par moi-même en 1887-1888, et depuis interdites par l'Administration impériale n'ont été qu'à peine reprises par une commission russe et, dans l'Arménie turque, par suite des difficultés sans nombre soulevées par le gouvernement ottoman, aucune recherche n'a été tentée en dehors de quelques fouilles de peu d'importance pratiquées à Van. Nous en sommes donc réduits, pour les temps les plus anciens, aux dires des auteurs classiques grecs et latins, sans contrôle archéologique. »

Il est vrai que le sous-sol de l'ancienne Arménie n'a pas été exploré d'une façon méthodique, comme ce fut le cas pour l'Egypte et l'Assyrie. A l'instar de la Syrie,

l'exploration archéologique de l'Arménie
s'est vue limitée aux recherches à fleur de
terre, avec, simplément, quelques sondages,
pratiqués d'une façon tout à fait sporadique.

Mais l'archéologie n'embrasse pas exclusivement les temps païens, et l'étude des monuments et des ruines de l'époque chrétienne constitue une des branches les plus importantes de l'archéologie. Sous ce rapport, il convient de rappeler les recherches, travaux et publications des Dubois de Montpéreux, des Brosset, de Victor Langlois pour la Cilicie, des Belck et Lehmann-Haupt dans la vieille Arménie, des Cumont dans la Petite Arménie, de Schulz dans la région de Van à l'époque de Sémiramis, de Jensen essayant de rapprocher par voie philologique les Hittites et les Arméniens.

Dans cet ensemble archéologique déjà fort respectable, les anciennes églises d'Arménie forment un bloc à part qui a donné naissance à des études intéressantes et à des publications importantes. Ce bloc compact des églises d'Arménie constitue un des cantons les mieux délimités de l'art chrétien oriental, mais aussi l'un des moins étudiés. Pendant longtemps, on a rangé cette architecture arménienne sous la rubrique « byzantine », et on ne la traitait que comme une des branches issues du tronc de la capitale de l'Empire romain d'Orient.

L'exploration archéologique ne date que du xixe siècle. Dubois de Montpéreux,

Fig. 1. -- Eglise de Erérouq.
(D'après Alichan, *Chirak*, p. 170).

Fig. 2. — Eglise de Tékor.
(D'après Alichan, *Chirak*, p. 131).

Texier, Brosset, Grimm, Choisy, Strzygowski, Charles Diehl, Gabriel Millet sont parmi les Européens qui ont le plus contribué à faire connaître ce groupement important de l'art religieux oriental.

A côté d'eux et à leur suite, des savants et des artistes arméniens ont fourni une importante contribution à la connaissance des vieux monuments de leur patrie. Le P. Alichan, Erwand Lalayan ont consacré de nombreuses monographies aux principaux couvents arméniens. Les travaux de l'architecte Toramanian jettent un jour tout nouveau sur les origines de l'art arménien, sur les influences qu'il a subies soit du côté byzantin, soit du côté syrien, soit enfin, tout à l'origine, du côté romain. L'artiste Archak Fetvadjian a élevé un véritable monument à l'art de sa patrie en consacrant vingt ans de sa vie à dessiner les motifs ornementaux qu'il rencontrait dans les ruines qu'il visitait, à peindre d'admirables aquarelles qui fixeront d'une manière définitive des églises et des monastères qu'il vit encore debout et qui, depuis, ont été à jamais ruinés.

Enfin, M. le professeur Marr a pu, à l'aide des subventions que lui fournissait une société arménienne, pratiquer des fouilles méthodiques et nombreuses à Ani, la capitale des Bagratides arméniens aux IX', X[e] et XIe siècles.

Grâce aux recherches multiples et variées de ces savants et de ces artistes, l'archéologie de l'Arménie chrétienne a été pour ainsi

Fig. 3. — Eglise de Tourmanin.
(D'après de Vogüé, *Syrie centrale*, p. 138-140).

Fig. 4. — Kal'at Seman.
(D'après de Vogüé, *Syrie centrale*, p. 141 et suiv.).

dire renouvelée sinon créée, et l'on peut désormais proposer un essai de classification des principaux monuments anciens de l'Arménie. Cette classification ne saurait présenter un caractère rigoureux ; elle permettra à tout le moins de poser des jalons ; et, ces points de repère une fois établis, l'enquête se poursuivra suivant une méthode plus rationnelle et plus scientifique.

Ces vieilles églises, ces antiques monastères s'étagent sur une période allant *grosso modo* du viᵉ au xiiiᵉ siècle de notre ère. On ne saurait, à l'heure actuelle, prétendre à remonter plus haut. M. Toramanian semble avoir établi d'une façon définitive que les plus anciens sanctuaires arméniens étaient, en partie ou en totalité, construits en bois. Ils disparurent rapidement, du fait des incendies, et les quelques églises que l'on suppose dater du ivᵉ ou du vᵉ siècle sont d'une attribution douteuse. Les vieilles églises de Tékor et de Erérouq datent plus vraisemblablement de la fin du vᵉ ou du début du viᵉ siècle, que d'une époque antérieure.

Trois types principaux sont facilement reconnaissables dans les vieilles églises d'Arménie (1).

(1) A côté de ces trois types classiques, dont il sera traité dans les pages suivantes, il convient de mentionner, ne fût-ce qu'en passant, les églises souterraines, dont la plus connue, en Arménie, est l'église de la Sainte-Lance, près d'Erivan; cf. mon *Rapport...,* p. 75. Pour les rapprochements à faire avec les églises souterraines de la Cappadoce, voir Gabriel MILLET, *L'Ecole grecque dans l'architecture byzantine.* (Paris, 1916), p. 22 et *passim.*

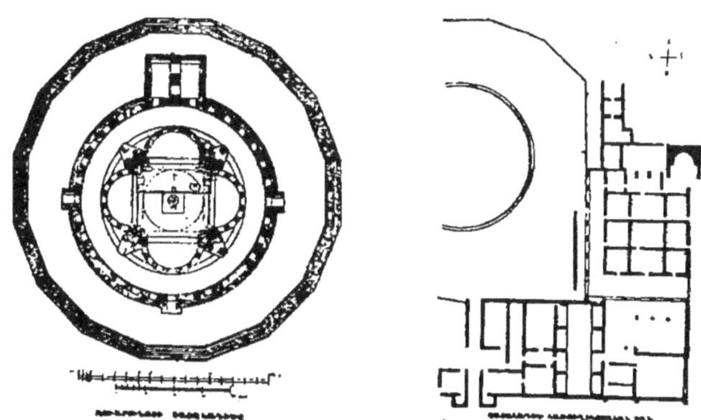

FIG. 5. --- Plan de Zwarthnots et du Palais Catholical.
(D'après Mesrop Tèr Movsésian, *Etchmiadzin
et les plus anciennes Eglises arméniennes*, p. 44 et 68.

FIG. 6. — Un angle dégagé du Socle de Zwarthnots.

C'est d'abord le type de la *basilique*, représenté par les monuments de Tékor et de Erérouq ou Kizil-Koulé. Ce type rappelle celui de la basilique syrienne, telle qu'on la trouve à Tourmanin et ailleurs.

Le second type est constitué par la *rotonde*, reposant sur un base circulaire ou polygonale. Les représentants classiques de ce genre architectural sont l'église, actuellement en ruines, de Zwarthnots ou Saint-Grégoire, sur la route allant d'Etchmiadzin à Erivan, l'église de Saint-Grégoire à Ani, et la chapelle de Saint-Grégoire des Aboughamrents, également à Ani.

Enfin, le troisième type, peut-être le plus fréquent en Arménie, est celui du *carré* ou du *rectangle presque carré*, flanqué ou non de quatre absides demi-circulaires, faisant saillie à l'extérieur. Les meilleurs témoins de ce type sont la cathédrale d'Etchmiadzin, la chapelle de Ripsimê près d'Etchmiadzin, l'église des saints apôtres à Ani, et la cathédrale d'Ani.

Je ferai passer devant vos yeux quelques vues d'Arménie, qui vous permettront de vous faire une idée de ces trois genres architecturaux.

*
* *

Figure 1. — Erérouq, ou Gezel-Goulé, ou Kizil-Koulé, était, jadis, un village prospère du canton de Chirak, province d'Aïrarat. Son église était magnifique, bien que de dimensions modestes : 23 mètres de long sur 14 de large. L'église est actuellement en

Fig. 7. — Zwarthnots. Le Centre de l'Eglise.

ruines. On y voyait 10 fenêtres et 3 portes.
La porte principale s'ouvrait vers l'occident.
Sur la face extérieure de l'une des portes du
sud, on lisait une inscription portant la date
de 1038. Cette date doit marquer la restauration de l'édifice et la construction de la
coupole, qui n'existait pas dans le bâtiment
primitif. Celui-ci date en réalité de la fin du
v^e ou du début du vi^e siècle. C'est le type de
la basilique, introduit de Syrie en Arménie,
à une époque indéterminée, mais avoisinant
vraisemblablement le ve siècle. Le bâtiment
primitif était recouvert de tuiles et d'une toiture en charpente. L'usage du bois dispa-
rut rapidement dans les cathédrales arméniennes, pour céder le pas à la pierre de
taille. (Cf. ALICHAN, *Chirak...* [Venise, 1881],
p. 170-171.)

Figure 2. — TÉKOR ou DIGOR était, au
ve siècle, un endroit célèbre du canton de
Chirak, province d'Aïrarat. L'église de Tékor
a conservé, au dire de Texier (1), des
éléments romains, mais arménisés. Dans cet
édifice, ce sont les frontons qui indiquent
l'influence de l'architecture romaine. Dans
quelques détails de l'église de Tékor, cer-
taines sculptures portent les germes de l'ar
chitecture gothique. Cette église n'a ni porche, ni narthex, et la coupole a été ajoutée
après coup. Quatre piliers soutenaient cette
coupole, dont la voûte, d'une forme quelque

---

(1) *Description de l'Arménie, la Perse et la Méso-
potamie...* (Paris, 1842), *passim, s. v.* Dighour.

Fig. 8. — Zwarthnots. Le Centre de l'Eglise.

peu insolite en Arménie, n'est pas contemporaine du primitif édifice. Texier, le premier, a relevé que les arcs en forme de fer à cheval de Tékor, que l'on croyait jusqu'alors arabes, avaient leur prototype en Arménie dès le ve siècle. Ce sont donc les Arméniens qui ont fourni aux Arabes cet élément architectonique qui a eu une si prodigieuse fortune, et l'on retrouve dans l'Espagne du xe siècle les arcs en forme de fer à cheval de Tékor du ve siècle.

Les églises de Tékor et de Erérouq sont les plus anciennes églises arméniennes actuellement connues ; elles datent vraisemblablement du vi^e siècle et dénotent une influence syrienne nettement caractérisée. M. Gabriel Millet (1) a très justement fait observer que l'aspect de temple périptère que présentent les églises de Tékor et d'Ouzounlar a été emprunté par les architectes arméniens à leurs maîtres syriens.

Une très belle aquarelle de Tékor, due au peintre arménien Fetvadjian, est reproduite en couleur dans la Revue *Syria*, 1920, fasc. 4, pl. XXIX.

Pour la notice, Cf. ALICHAN, *Chirak...* (Venise 1881), p. 131-135, et F. MACLER, apud ETIENNE ASOLIK DE TARON, *Histoire universelle...* (Paris, 1917), p. LXXVII et suiv.

Figure 3. — TOURMANIN. — Vous avez sous les yeux la restauration de l'église de Tourmanin, en Syrie, exécutée par le mar-

____

(1) *L'Ecole grecque dans l'architecture byzantine* (Paris, 1916), p. 132.

Fig. 9. — Zwarthnots. Ruines du palais Pontifical.

quis de Vogüé et l'architecte Dutoil. Cette restauration n'est nullement conjecturale. « On ne saurait rien imaginer, écrit M. de Vogüé, de plus logique et de plus raisonné que cette composition où chaque élément, colonne, linteau, arcs de décharge, a sa fonction définie et nettement accusée, où l'équilibre résulte des conditions de stabilité, de matériaux posés sans ciment, où la décoration n'est qu'une conséquence de la construction. L'effet produit est très saisissant. » (Cf. DE VOGÜÉ, *Syrie Centrale* [Paris, 1865-1877], p. 138-140.) Cette église date du VIe siècle.

Figure 4. — KAL'AT SEMAN. — La grande église de Kal'at Seman, en Syrie, a été édifiée, ainsi que le couvent voisin, pour honorer la mémoire de saint Siméon Stylite et consacrer le lieu où il mena sa vie. Nous ne savons pas exactement à quelle date cette église fut élevée. Mais Evagrius le Scolastique l'a visitée et décrite vers 560 de notre ère. Son érection doit donc se placer entre 459, date de la mort de Siméon Stylite, et l'année 560. — Vous avez devant vous l'élévation du portail méridional, avec le grand porche qui précède l'entrée de l'église. « L'ornementation est encore de style presque antique, dit M. de Vogüé, mais les détails en sont originaux, comme la composition elle-même, qui n'a rien d'antique ; tout l'ajustement général des lignes dénote un art tout nouveau ; il est impossible, conclut le marquis de Vogüé, de ne pas recon-

Fig. 10. — Ruines du palais Catholical de Zwarthnots.

naître que cette construction renferme en germe tous les éléments du portail de nos églises romanes. » (Cf. DE VOGÜÉ, *Syrie centrale*, p. 141 et suiv.)

⁂

Figure 5. — ZWARTHNOTS. — La forme *ronde* apparaît chez les Arméniens au VII° siècle ; l'exemple typique en est l'église de Zwarthnots, « rotonde dont la nef est formée par quatre absides demi-circulaires, ouvrant entre les quatre piliers massifs qui soutiennent la coupole » (1). Avant cette époque, on ne possède aucun renseignement précis sur les églises rondes et polygonales ; il y avait toutefois, au dire de l'architecte Toramanian, des baptistères à forme circulaire (ETIENNE ASOLIK DE TARON, *Histoire universelle*, trad. F. MACLER, p. LXXXIV).

Les formes polygonales et rondes sont étrangères à l'Arménie ; mais les savants ne se sont pas encore mis d'accord pour savoir si ce type est grec ou romain ; certains pensent que cette forme est originaire d'Asie.

Le catholicos Nersès III *Chinogh*, le *constructeur* de Zwarthnots, avait des tendances unionistes, et il se peut qu'il ait subi l'influence d'architectes qui avaient vu des églises rondes en Cappadoce. Le but de Nersès était de ramener dans le voisinage d'Etchmiadzin le siège du patriarcat arménien qui, depuis le milieu du V° siècle, était

---

(1) Cf. Jean EBERSOLT, *Les anciennes églises d'Arménie et l'effort arménien*, dans *La voix de l'Arménie*, n° du 1ᵉʳ décembre 1918, p. 814.

FIG. 11. -- Ruines du palais Catholical de Zwarthnots.

à Dwin. A cet effet, il choisit le haut plateau situé à l'est d'Etchmiadzin, et il y fit édifier la première église ronde que l'on connaisse en Arménie, et, à côté, de monumentales constructions destinées à la résidence du catholicos et de sa suite.

Une première campagne de fouilles fut entreprise en 1893 par Mgr Mesrop Têr Movsésian ; mais c'est seulement à partir de 1900 que le vardapet Khatchik pratiqua des fouilles méthodiques et suivies. Pendant cinq ans de suite, il déblaya le terrain, et l'on peut se faire une idée exacte du caractère grandiose de Zwarthnots et de ses dépendances, lorsque l'on parcourt les ruines qui sont actuellement abandonnées.

Figure 6. — Zwarthnots. — Un *angle* dégagé du socle de Zwarthnots ; j'ai pris cette vue en 1909, quelque temps après que le P. Khatchik l'avait déblayé. A droite, un bâtiment où habite le P. Khatchik vardapet Dadian, et où il a établi un musée des objets découverts au cours de ses fouilles. A gauche de la photographie, mais au centre de l'église en ruines, un bloc énorme de maçonnerie.

Figure 7. — Zwarthnots. — Pour pénétrer à Zwarthnots, on prend à droite de l'angle dégagé, que vous venez de voir (fig. 6), on monte un petit escalier en pierre donnant accès à l'habitation du moine archéologue, et l'on arrive sur le plateau où se dressait l'église. L'œil aperçoit d'abord un amoncellement de blocs énormes, résultant d'un vio lent tremblement de terre. Au centre, un

FIG. 12. — Zwarthnots. Un coin du palais Catholical.

baraquement en planches, où le P. Khatchik
entrepose les objets qu'il met à jour, avant
de les classer dans son musée. C'est sous ce
baraquement que sont conservées quelques
pierres recouvertes de *grafitti* arabes (1).

Figure 8. — ZWARTHNOTS. — L'aire qui
avoisine immédiatement le centre de l'édifice ruiné a été quelque peu déblayée. On a
aligné un certain nombre de blocs qui représentent les principaux types architecturaux
employés dans la construction de Zwartnots,
chapiteaux, fûts de colonnes, motifs ornementaux sculptés sur la pierre.

Figure 9. — ZWARTHNOTS. — Ruines du
palais pontifical, contigu à l'église. Les blocs
de maçonnerie, en excellent appareil de
pierres de taille, révèlent l'habileté consom-
mée des artisans auxquels Nersès fit appel
pour édifier la maison du catholicos.

Figure 10. — ZWARTHNOTS. — En parcou-
rant les ruines du palais pontifical, on dé-
couvre des vestiges importants, qui permet-
traient à des architectes modernes de déter-
miner exactement l'utilisation de certains
bâtiments. La grenade est un motif ornemental très fréquent à Zwarthnots.

Des deux personnages qui sont debout,
celui de gauche est Mgr Mesrop épiskopos
Têr Movsésian qui commença les fouilles en
1893 ; celui de droite est le P. Khatchik var-

---

(1) Cf. Mesrop vard. TÊR MOVSÉSIAN, *Etchmiadzin et
les plus anciennes églises arméniennes...* (Etchmiadzin, 1907), pl. XII-XIII (en arménien, en russe et en
allemand).

Fig. 13. — Zwarthnots. Les premières fouilles.

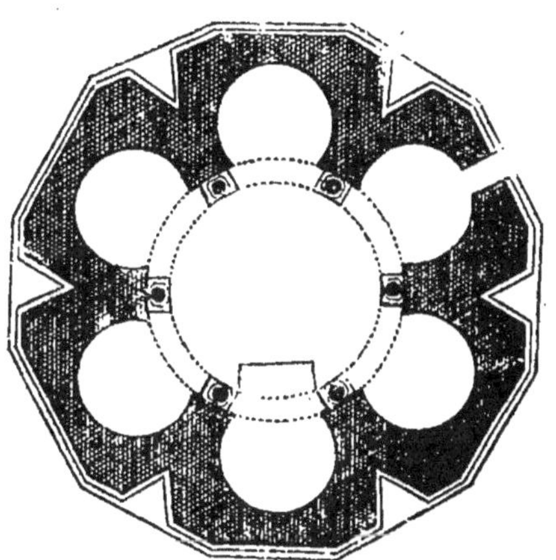

Fig. 14. — Ani. Le plan
de la Chapelle Saint-Grégoire
des Aboughamrents.
(D'après Alichan, *Chirak*. p. 52).

dapet Dadian, qui les continua en 1900.

Figure 11. — ZWARTHNOTS. — A l'une
des extrémités du palais pontifical, des restes
de constructions, que j'identifie malaisément. Le P. Khatchik donne ces ruines
comme étant des vestiges d'un vieux temple
du feu zoroastrien. La chose est d'autant
plus invraisemblable qu'il n'y a pas trace
de temple zoroastrien, chez les auteurs arméniens, dans la région de Zwarthnots. D'autre
part, le patriarche Nersès a fait édifier Zwarthnots et ses dépendances dans un endroit
désert, où il a amené l'eau du Qasagh par
un canal de dérivation, qui a été réutilisé
par le P. Khatchik.

Je serais plutôt porté à voir dans ces constructions les restes d'un *hammam* où l'on
chauffait l'eau, à l'usage du pontife et de sa
suite.

Figure 12. — ZWARTHNOTS. — La partie
postérieure de ces constructions que je
prends pour l'établissement de bains de
Zwarthnots. Le banc de pierre, en très bel
appareil, devait être le siège où, en Orient,
on fait la sieste après avoir pris le bain.
Toutefois, je n'ai pas trouvé de traces de
canalisations par où les eaux s'écouleraient.
Il est possible que les canaux, si canaux
il y avait, fussent souterrains. En tous cas,
il y a des tuyaux de poterie très bien con-
servés dans les édicules en pierre, que vous
venez de voir (fig. 11) ; la présence de ces
poteries semble bien indiquer qu'il s'agit
de constructions aménagées pour y faire du

Fig. 15. - Ani. La Chapelle Saint-Grégoire
des Aboughamrents.
(D'après Alichan, *Chirak*, p 51¹.

Fig. 16. — Ani. La Chapelle du Sauveur.
(D'après Lynch, *Armenia*, I, p. 383).

feu, ou peut-être pour établir des prises d'air destinées à aérer la pièce en question.

Figure 13. — ZWARTHNOTS. — Après avoir dégagé les abords immédiats de l'église et du palais catholical de Zwarthnots, le P. Khatchik me montre, dans la direction du S.-O., un terrain recouvert d'ondulations, où il suppose que s'étendait la ville qui devait forcément se trouver dans le voisinage de la cathédrale (1).

A côté de lui, une pierre sculptée, où les grappes de raisin semblent alterner avec les pommes de pin.

Au milieu de la photographie, les restes d'un cadran solaire.

Figure 14. — ANI. — Le plan de la chapelle de Saint-Grégoire-des-Aboughamrents. Ce monument n'est pas daté avec précision. On s'accorde généralement à en reporter la construction au xii° ou au xiii° siècle, ce qui en ferait un contemporain de la Sainte-Chapelle de Paris.

Figure 15. — ANI. — La chapelle de Saint-Grégoire-des-Aboughamrents. Cette chapelle est encore debout. Elle a permis à l'architecte Toramanian de reconstituer, d'après le plan, la cathédrale de Zwarthnots, et d'en donner une élévation et une représentation

---

(1) La ville de Qalaqoudacht ; cf. ma traduction d'ÉTIENNE ASOLIK DE TARON, *Histoire universelle*, 2° partie, p. 169, n. 4.

Fig. 17. — Etchmiadzin.

schématique (1). Une très belle aquarelle du
peintre Fetvadjian est reproduite en couleur
dans la Revue *Syria*, 1920, fasc. 4, pl. XXXII.

Figure 16. — ANI. — La chapelle du
Rédempteur, ou du Sauveur, constitue un
autre exemple très typique de la rotonde
arménienne. Elle aurait été construite au
XI⁰ siècle, pour y déposer un morceau de la
vraie croix, rapporté de Constantinople par
le prince Ablgharib (2).

*
**

Le type de beaucoup le plus fréquent en
Arménie est, selon la description de plusieurs voyageurs et la définition rigoureuse
qu'en a formulée M. Jean Ebersolt « une
croix enfermée dans le rectangle ou le carré
de l'édifice, par les quatre pièces d'angle
logées entre les bras de la croix » (3).

Les types classiques de ce genre architectural sont la cathédrale d'Etchmiadzin, la
chapelle de Ripsimê, l'église des saints apôtres à Ani, la cathédrale d'Ani.

---

(1) Voir *Géghouni*, illustration arménienne, pour
les orphelins arméniens de Cilicie, Venise, Saint-
Lazare, 1909, n° 6, p. 36 et suiv., où le savant architecte reconstitue la chapelle du Berger, d'après le
même procédé.

(2) Nous empruntons cette figure au bel ouvrage de
H. F. B. LYNCH, *Armenia, travels and studies...* (Lon-
don, Longmans, Green and C⁰, 1901), t. 1, p. 383,
fig. 88. — Comparer une vue de ce monument
donnée par ALICHAN, *Chirak*, p. 83.

(3) *La voix de l'Arménie*, n° du 1ᵉʳ décembre 1918,
p. 813-814.

Fig. 18. — Etchmiadzin.

On rencontre partout, en Arménie, des édifices bâtis sur ce type, sur un espace de temps allant du vii° au xiii° siècle de notre ère.

Figure 17. — Etchmiadzin. — Lorsqu'on arrive à Etchmiadzin, à gauche du bâtiment que vous voyez, on longe ce même bâtiment qui est la bibliothèque désaffectée, on se dirige vers la droite en suivant le mur d'enceinte du monastère, et on pénètre dans la cour intérieure, non par la porte que vous apercevez au milieu du mur et qui est réservée aux piétons, mais par la porte des « phaétons », qui se trouve sous le bec électrique, à l'extrémité droite de la photographie. Au milieu de la cour intérieure se dresse la cathédrale, dont on aperçoit le clocher pointu au-dessus de la porte médiale du mur d'enceinte, et un bouquet d'arbres, où nichent les corbeaux et les ramiers qui descendent en ligne droite de ceux que Noé lâcha de l'arche, pour savoir si le déluge allait bientôt prendre fin.

Figure 18. — Etchmiadzin. — La cathédrale de Vagharchapat ou la Sainte-Etchmiadzin, le plus grand sanctuaire de l'Eglise et de la Nation arméniennes.

Le monument occupe le centre d'une aire très vaste, flanquée de chaque côté de bâtiments masqués par les arbres. J'ai pris cette photographie d'un premier étage ; ceci vous explique qu'on aperçoive le sommet et non le pied des arbres.

D'après la tradition arménienne, l'église

FIG. 19. — Le Clocher d'Etchmiadzin.

d'Etchmiadzin aurait été construite par les soins de Grégoire l'Illuminateur, au début du IVe siècle. Le bâtiment aurait été recouvert d'un toit en bois. Cet état de choses aurait duré jusqu'en 618, époque à laquelle le catholicos Komitas aurait remplacé la construction en bois par un édifice en pierres. On suppose que c'est ce même catholicos qui fit ériger la coupole et qui restaura l'église d'Etchmiadzin sur le type de celle de Tékor.

La cathédrale d'Etchmiadzin a été l'objet de nombreuses restaurations au cours des siècles ; de sorte qu'il est malaisé de se faire une idée exacte du plan primitif. A cette forme primitive succéda l'église aux absides, qui est la caractéristique des basiliques romaines.

Figure 19. — ETCHMIADZIN. — En 1656, les patriarches Philippos et Jacob ont fait construire le clocher.

Figure 20. — ETCHMIADZIN. — En 1682, le patriarche Eliasar fit construire les petites coupoles sur les trois absides.

Figure 21. — ETCHMIADZIN. — Enfin, en 1869, le patriarche Georges IV fit ajouter, à l'extrémité orientale de l'église, une construction destinée à recevoir les objets rares et les reliques les plus précieuses ; ce nouveau corps de bâtiment se nomme « le Musée », ou le « Trésor ».

Il convient également de rappeler qu'en 1886, le catholicos Makar fit restaurer complètement le socle de la cathédrale et qu'au

Fig. 20. — Etchmiadzin. - Les Coupoles.

xviiie siècle, le catholicos Luka fit peindre les parois intérieures de l'édifice par un peintre nommé Jonathan. C'est de la même époque que date l'autel en marbre blanc que le catholicos fit ériger sous la coupole centrale, à l'endroit traditionnel où *le fils unique descendit* (êtch miadzin) et apparut à Grégoire l'Illuminateur.

Figure 22. — Etchmiadzin. — Sans vouloir pousser les rapprochements, vous éprouverez peut-être une certaine curiosité, après avoir vu cet angle d'Etchmiadzin, à comparer cette vue avec l'église de Saint-Nectaire-le-Haut.

Figure 23. — Saint-Nectaire-le-Haut, en Auvergne, remarquable monument roman datant de la seconde moitié du xiie siècle, dont le clocher, rasé à la Révolution, fut reconstruit, en même temps qu'on restaurait l'église en 1877-1878, sous la direction de l'architecte Brugère, qui s'inspira de modèles orientaux pour procéder à la réfection de l'ancienne basilique bénédictine, — et avec une autre église

Figure 24. — romane, celle de Notre-Dame-du-Port, à Clermont-Ferrand, dont l'abside et le transept remontent au xie siècle, dont le reste du bâtiment date du xiie et du début du xiiie siècle, et dont le clocher actuel est une restauration, faite au milieu du siècle dernier, de l'ancien qui avait été édifié d'après des modèles venus d'Orient.

Figure 25. — Ripsimê. — L'évêque Sébêos rapporte dans les termes suivants la cons-

FIG. 21. — Etchmiadzin. - Le Trésor.

truction de l'église de Ripsimê, près d'Etchmiadzin : « En l'année 28ᵉ du règne d'Apruêz
Khosrov (618 de J.-C.), le catholicos Komitas
démolit la chapelle de sainte Ripsimê, dans
la ville de Vagharchapat, car le bâtiment
qu'avait construit le patriarche saint Sahak,
le catholicos des Arméniens, le fils de saint
Nersès, était trop bas et trop sombre... subi-
tement apparut la perle royale, lumineuse et
rare, c'est-à-dire le corps virginal de la sainte
dame Ripsimê... Il construisit l'église et il
laissa la bienheureuse en plein air, à cause
de l'humidité du mur, jusqu'à ce que la
chaux fût desséchée ; puis elle fut recueillie
dans sa demeure... »

Si l'on fait, par la pensée, abstraction du
clocher, à gauche du bâtiment, qui a été
construit en 1652 par le catholicos Philippos,
en a, dans la chapelle de Ripsimê, le type
le plus pur de la vieille architecture arménienne : la croix enfermée dans un rectangle
presque carré, aucune abside ne faisant saillie sur les façades (1). Les quatre frontons
sont identiques ; deux niches aveugles sont
pratiquées sur chacune des quatre parois de
l'édifice. A l'extérieur, Ripsimê a la forme
d'un rectangle ; à l'intérieur, elle a l'aspect
d'un quatre-feuilles. On éprouve une réelle
impression de grandeur et de pureté de
lignes en contemplant, de longues heures
durant, la modeste chapelle de Ripsimê.

A droite de l'édifice, un bâtiment moderne

<hr>

(1) Cf. Jean Ebersolt, dans *La Voix de l'Arménie*,
nᵒ du 1ᵉʳ décembre 1918, p. 813.

Fig. 22. — Etchmiadzin.

qui sert d'habitation au moine chargé de la surveillance de ce sanctuaire.

Tout à fait à gauche de la photographie, la chapelle de Choghakat, entre Etchmiadzin et Ripsimê. Cette chapelle date du XVIIe siècle et n'offre aucun intérêt archéologique.

Devant Ripsimê, la route qui va d'Etchmiadzin à gauche, à Erivan à droite.

Figure 26. — La chapelle de GAYIANÊ, au sud d'Etchmiadzin, date également, d'après la tradition arménienne, de Grégoire l'Illuminateur. Elle a été reconstruite entièrement en 630 par le catholicos Ezr ou Esdras, et présente plutôt l'aspect d'une basilique. La coupole, qui a été restaurée, repose sur quatre colonnes. Le narthex, sur le côté occidental, est de date récente ; il est dû au catholicos Eliazar, 1688.

Figure 27. — GAYIANÊ. — Profitant de l'échelle que vous voyez, je grimpe sur le toit de la ferme dépendant de Gayianê, et je prends cette vue panoramique. Gayianê apparaît à distance, entourée d'arbres et d'une végétation luxuriante. Il y a en abondance de l'eau, des moustiques, et, me dit-on, des serpents.

Figure 28. — ANI. — La cathédrale d'Ani, commencée par les soins du roi bagratide Smbat, fut achevée en 1010 de J.-C., par Katramidê, femme du roi Gagik, fille du roi de Siwniq. L'historien arménien Etienne Asolik de Tarôn rapporte que ce magnifique édifice, aux voûtes élancées, constituait un sanctuaire admirable, surmonté d'une cou-

Fig. 23. — Eglise de Saint Nectaire (Auvergne)

Fig. 24. — Notre-Dame-du-Port (Clermont-Ferrand).

pole semblable au ciel. Katramidê orna cette
église de tapisseries, aux fleurs de pourpre,
tissées d'or, et peintes de diverses couleurs,
de vases en or et en argent, brillant du plus
vif éclat, magnificences qui rendaient la
sainte cathédrale d'Ani aussi resplendissante
que la voûte céleste. Smbat avait doté l'église
d'une magnifique lampe en cristal, qu'il avait
fait venir des Indes (1).

Une aquarelle du peintre arménien A. Fetvadjian est reproduite en couleurs dans la
Revue *Syria*, 1920, fasc. 4, pl. XXX.

Figure 29. — SALMOSAVANQ possède une
église admirablement située, et qui domine
la vallée rocheuse et sauvage du Qasagh. La
population est moitié tatare, moitié arménienne, et ces deux groupements vivent en
bonne intelligence. Les musulmans sont trop
pauvres pour avoir une mosquée et, lorsqu'ils veulent prier, ils vont à l'église.

Figure 3o. — Salmosavanq, d'après la
légende, a été fondé par Grégoire l'Illuminateur. C'est du XIIIᵉ siècle que date l'église
d'aujourd'hui, lorsque Zakharé, généralissime
de la reine Thamar, conquit l'Ararat sur
les Musulmans. Le mémorial le plus ancien
gravé sur les parois de l'église est de l'an
1215 de J.-C. — Salmosavanq signifie :
monastère des psaumes, parce qu'on y chan-
tait surtout des psaumes. Le savant arménien
Galoust Têr Mkrttchian a trouvé deux grands
manuscrits écrits à Salmosavanq au XIIᵉ siè-

<hr>

(1) Cette vue est empruntée à l'ouvrage de H.-F.-B
Lynch, *Armenia...*, t. I, p. 370, fig. 72.

Fig. 25. — Ripsimê.

cle ; c'est la plus ancienne mention de Salmosavanq. Il a démontré que l'un doit avoir été
copié entre 1185 et 1188, et l'autre doit être
un peu plus ancien ; or, à cette date, l'église
de Salmosavanq n'était pas encore construite.

Figure 31. — Hohannavanq ou Yohannavanq, « le couvent de Jean ». Tandis que
l'église de Salmosavanq est en parfait état de
conservation (1909), celle de Yohannavanq
présente un état délabré qui fait peine à
voir. J'y étais par un orage très violent,
j'avais de la peine à faire tenir tranquille
mon cheval, et cette vue manque, à mon
grand regret, de la netteté souhaitable.

On remarque, à l'extérieur du monument,
quantité de croix et de motifs ornementaux
très variés. La construction date du xiii⁰ siècle, comme celle de Salmosavanq ; on lit
plusieurs mémoriaux sur les parois de
l'église. L'histoire de Zaqaria sarkavag (xvii⁰
siècle), historien de ce monastère, renferme,
à côté de renseignements historiques importants, des récits légendaires qu'il faut utiliser
avec la plus extrême prudence. Yohannavanq
était un évêché important au xvii⁰ siècle.

Figure 32. — Ochakan. — L'église, qui
renferme le tombeau traditionnel de saint
Mesrop, est une restauration moderne, qui
fut achevée sous le catholicat de Georges IV,
en 1879, d'après l'inscription qu'on lit au-
dessus de la porte d'entrée. On a démoli une
église du v⁰ ou du vi⁰ siècle, qui avait sa
valeur historique, et on l'a remplacée par

Fig. 26. — Gayiané

une église moderne, sans goût, mais qui a
l'avantage de renfermer un sanctuaire parti-
culièrement précieux aux yeux des popula-
tions environnantes.

A Ochakan, il y a une fête célèbre au
commencement de l'été, en l'honneur de
saint Mesrop. De tous les villages des envi-
rons, on vient, on danse, on chante toute la
journée ; les pèlerins arrivent la veille de la
fête, qui commence ce soir même ; on danse
toute la nuit qui précède la fête. Chrétiens
et musulmans viennent tous à la fête de saint
Mesrop. Ils apportent des offrandes de tout
genre : poulets, coqs, argent, bandeaux, etc.
Les femmes, chrétiennes ou musulmanes,
qui n'ont pas d'enfants et en désirent, volent
des objets dans l'église. Lorsqu'elles ont un
enfant, elles rapportent l'objet volé, accom-
pagné de nombreux cadeaux. Lorsque des
femmes stériles, chrétiennes ou musulmanes,
veulent obtenir un enfant, elles apportent
leur ceinture au curé d'Ochakan ; il la prend,
lit un passage de l'Evangile, prononce une
prière et remet lui-même la ceinture autour
des reins de l'impétrante. Si elles ont un
enfant dans les douze mois qui suivent, elles
reviennent et font un cadeau à l'église (1).

⁂

Les quelques vues qui viennent d'être pro-
jetées sur l'écran ne représentent qu'une part
assez faible des richesses artistiques et archi-

_____

(1) Cf. F. MACLER, *Rapport sur une mission scientifique en Arménie...* (Paris, 1911), p. 68 et suiv.

Fig. 27. — Gayiané.

tecturales de la vieille Arménie. On n'a traité
à fond aucune question d'origine, de date,
d'influence ; le temps, et surtout la compé-
tence requise m'auraient complètement fait
défaut, non seulement pour élucider, mais
pour exposer comme il eût été souhaitable
l'un quelconque de ces problèmes. L'architecture arménienne est, au demeurant, si
riche et si variée, que bien des erreurs ont
été commises par les critiques et par les
archéologues qui en ont traité. Les monuments qui sont encore debout, comme ceux
qui sont à jamais ruinés, mais dont on a relevé
les plans, constituent dans leur ensemble les
témoins les plus éloquents et les plus authen-
tiques du talent fécond et de l'esprit artistique du peuple arménien.

Si l'Arménie a su créer un art original en
mêlant les éléments locaux aux différents
types byzantins et orientaux, si la coupole
de ses cathédrales avec son tambour surmonté
d'un toit conique donne au monument un
aspect particulier, on notera également qu'à
son tour l'Arménie a été génératrice d'art et
qu'elle a exercé une influence que l'on ne
saurait méconnaître sur nombre de pays qui
apprirent d'elle l'art d'édifier de beaux monuments.

Auguste Choisy, le premier, a remarqué
l'affinité de l'architecture arménienne avec
l'architecture romane, et il montre excellemment le chemin parcouru par l'architecture
arménienne pour arriver, en Europe, au

Fig. 28. — La Cathédrale d'Ani.
(d'après Lynch, *Armenia.,.* I, p. 370)

style roman (1). « L'art arménien franchit la mer Noire et se répand dans le sud de la Russie et les provinces danubiennes : le style des églises russes de Pokrowa, Kief, Vladimir, celui des églises de la Roumanie, et surtout de la Serbie, est arménien bien plus encore que byzantin.

« Ainsi, tout le littoral de la mer Noire, de Trébizonde au bassin du Danube, se trouve rattaché au domaine de l'art arménien et, par l'art arménien, aux traditions de la Perse sassanide...

« Dans la Norvège, dans la Suède, aussi bien qu'en Russie, la présence de l'art asiatique est palpable.

« L'influence ne s'arrête pas à la Scandinavie. Ce style ornemental, transporté par le flot des Northmans, redescend le long des côtes de l'Océan, pour se reproduire dans les décorations romanes de l'Angleterre, de l'Irlande et de la Normandie... »

Et le savant architecte cite à l'appui de son dire quelques décors empruntés à la sculpture des tympans de Bayeux : le lion grimaçant de la Perse sassanide, et les entrelacs de l'Arménie.

Enfin, en Irlande, « les détails de la décoration usuelle présentent avec ceux de l'Arménie des ressemblances qui ont été depuis longtemps remarquées... »

✳
✳ ✳

Si le Christianisme est un dans son essence

(1) *Histoire de l'architecture...* (Paris, 1899), t. II, p. 84-86.

Fig. 29. — Salmosavanq.

et dans son principe, il n'en a pas moins
subi, au cours des siècles, les multiples évo-
lutions que vous savez. Ces transformations
successives ont donné naissance à des manifestations que l'on a qualifiées de sectes,
d'hérésies, de schismes, suivant les temps et
selon les circonstances. Le dogmaticien ri-
gide n'admet pas ces écarts de la pensée
religieuse ; il les combat au nom de son
orthodoxie rigoriste, il les réfute au nom de
sa foi immuable ; il les étouffa jadis par la
flamme et sur le bûcher.

L'historien procède différemment ; ces
mêmes sectes, ces mêmes hérésies lui appa-
raissent comme autant de manifestations
d'un esprit curieux sinon inquiet, désireux
de tendre de plus en plus à la recherche de
la vérité. Et l'un des plus beaux apanages de
la science des religions est précisément cette
étude historique du phénomène religieux.

Dans ce christianisme multiforme, la religion des Arméniens ne constitue pas une des
branches les moins intéressantes à étudier.

Converti de bonne heure au christianisme,
le peuple arménien adopte la croix, et s'y
tient fermement attaché. L'architecte devait
donc traduire dans l'édifice qu'il avait à éle-
ver cet attachement de l'Arménien à la croix,
lui rappeler sans cesse que le sol qu'il foulait
était chrétien, ne fût-ce que par ce signe
universel, et combiner ses dispositions archi-
tecturales de telle sorte qu'une croix fût
toujours simulée, soit au niveau du sol, soit
dans la toiture du sanctuaire. Les architectes

Fig. 30. — Les parois de Salmosavanq.

arméniens n'ont pas failli à ce devoir. Qu'il s'agisse de basiliques ou de rotondes, de carrés ou de rectangles, le signe de la croix est toujours figuré.

Mais les Arméniens, comme les autres chrétiens croyants, ne considèrent la patrie terrestre que comme passagère et transitoire. Ils aspirent tous à la patrie céleste. Il incombait donc à l'artiste de rappeler à l'esprit du fidèle arménien, chaque fois qu'il pénétrait dans le sanctuaire, cette voûte céleste, objet de ses désirs. Et les historiens arméniens du Moyen âge citent à l'envi, dans la description qu'ils font des églises, la coupole surélevée, ornée de pierreries et de peintures plus éclatantes les unes que les autres, véritable symbole terrestre de la cité céleste. L'usage de la coupole se répand de bonne heure en Arménie ; et, dès le viie ou le viiie siècle, même lorsque l'architecte bâtit une église rappelant la basilique, il prend soin de la surmonter d'une coupole, bien que cet appendice architectonique ne rentre pas dans le style pur de la basilique.

Tels semblent donc être, en résumé, les caractères essentiels de la vieille architecture arméniennne :

La robustesse de la construction et des matériaux employés symbolise excellemment la foi robuste des Arméniens.

Quelles que soient les formes qu'ils revêtent, les temples de l'Arménie portent toujours, dans le tracé du plan de l'édifice, le signe commun à toutes les chrétientés.

Fig. 31. — Hohannavanq.

Enfin, la coupole, si caractéristique des anciennes églises d'Arménie, rappelle au croyant le but dernier de la vie, celui qui doit constamment être présent à son esprit.

On imaginerait malaisément une fusion plus intime entre le culte et le sanctuaire, entre la foi et l'endroit où cette foi se manifeste le plus naturellement.

Ne sont-ce pas des titres suffisants pour justifier l'intérêt grandissant que l'on porte, de nos jours, aux antiques vestiges de l'architecture arménienne ?

N'est-ce pas une raison de plus pour étudier avec un soin tout particulier l'histoire de la pensée religieuse en Arménie, ce champ où se heurtèrent l'hellénisme des Séleucides, le zoroastrisme et le mithriacisme des Bactriens et des Perses, ce point de rencontre des civilisations hétéenne, chaldéenne et romaine, jusqu'au jour où le christianisme triomphant provoqua la floraison d'un art nouveau, adéquat à cette religion nouvelle ?

Fin

Fig. 32. — L'Eglise Moderne d'Ochakan.

Imp. "ARTZAKANK PARISI" — —
227, Boulevard Raspail — PARIS

www.ingramcontent.com/pod-product-compliance
Lightning Source LLC
LaVergne TN
LVHW050639060726
842527LV00004B/1372